AF227114

LES
DEUX POLITIQUES

AUX

ÉLECTIONS PROCHAINES

PAR

ALBERT AUBRY

AVOCAT, ANCIEN ATTACHÉ AU CABINET DU MINISTRE DES FINANCES

PRIX : 10 CENTIMES

Pour les commandes importantes, s'adresser à M. Collot.

ÉPINAL

V. COLLOT, IMPRIMEUR

—

1885

LES
DEUX POLITIQUES

AUX

ÉLECTIONS PROCHAINES

PAR

ALBERT AUBRY

AVOCAT, ANCIEN ATTACHÉ AU CABINET DU MINISTRE DES FINANCES

ÉPINAL

V. COLLOT, IMPRIMEUR

—

1885.

DEUX POLITIQUES

AUX ÉLECTIONS PROCHAINES

———··∞··———

Aux élections prochaines, la lutte sera entre deux politiques :

L'une est synonyme de dilapidation des finances publiques, d'aventures meurtrières et dispendieuses, d'oppression de nos libertés les plus sacrées ;

L'autre veut l'ordre et l'économie dans les finances, les relations pacifiques avec l'étranger, le respect de nos libertés et de nos croyances.

I

Un mot peindra le gaspillage énorme auquel nos finances sont livrées. Les dépenses du budget de l'État ont dépassé en 1883 celles de 1875 de 700 millions (1).

De 1879 à 1885 inclusivement, l'ensemble des déficits s'élève, si on tient compte des dépenses ordinaires faussement imputées au budget extraordinaire, à douze cents millions, que des excédents antérieurs réduisent à un milliard cinquante millions.

Le déficit grandit chaque année (2), et nos recettes diminuent. A toutes les causes antérieures de dépenses s'ajoute aujourd'hui l'occupation permanente du Tonkin. Si une économie sévère ne préside pas à nos finances, si on ne ramène pas les

(1) Le budget de 1875 réglait la dépense à 2,626 millions (et si on déduit 200 millions d'amortissement, à 2,426 millions). En 1883, la dépense monte à 3,245 millions (et si on déduit 133 millions d'amortissement, à 3,112). *Extrait de la brochure « Lettre à un contribuable »*, par M. Le Trésor de la Rocque, *ancien conseiller d'Etat*, à laquelle nous sommes redevables de renseignements nombreux.

(2) L'écart entre les recettes et les dépenses sera en 1885 de plus de 600 millions.

budgets aux chiffres de 1875, nous sommes menacés d'un surcroît d'impôts qu'on ne peut guère évaluer à moins de trois cents millions. Trois cents millions de charges nouvelles ou trois cents millions d'économies, ou la banqueroute !

Cette situation est dangereuse ; et en outre elle est embrouillée comme à plaisir. On a créé un budget extraordinaire qui dissimule des dépenses courantes en grand nombre, et qui, pour le surplus, fait face à des travaux sur lesquels nous nous expliquerons plus loin.

Sept cents millions de dépenses de plus en 1883 qu'en 1875, alors que depuis douze ans la paix intérieure était complète et que les relations étrangères étaient présentées comme pacifiques ! La guerre et la commune n'avaient chargé les budgets annuels que de 600 millions ! A ce surcroît inouï vient s'ajouter encore l'augmentation constante des dépenses communales et départementales.

Voilà donc notre état financier : d'un côté la situation économique du pays est déplorable ; l'industrie est arrêtée ; le commerce est nul ; l'agriculture traverse une crise dangereuse ; et, d'autre part, des impôts énormes qui n'ont plus l'excuse de parer aux ruines d'une guerre, mais qui viennent satisfaire les convoitises de nos maîtres ou solder leurs dépenses folles.

La convoitise est bien en effet leur trait dominant : convoitise de places, d'argent et d'honneurs. Ils ont désorganisé tous les services, ils ont réduit à une position précaire, à la misère quelquefois, des milliers de fonctionnaires dont ils ont pris les places, puis ils ont relevé les traitements. L'argent ne leur a rien coûté. Il est vrai que c'était celui de la France.

Quelquefois même, parmi les hauts personnages du jour qui vantaient autrefois les mœurs austères des Spartiates, et qui n'avaient pas assez de récriminations violentes contre le cumul, il en est que nous voyons occuper à la fois les postes les plus divers, mais aussi les mieux rémunérés. Une occupation ne fait pas tort à l'autre. Ils sont à la fois au Sénat et dans les plus hauts rangs de la magistrature. Parfois, des fonctions diplomatiques leur incombent par surcroit, et, comme s'ils étaient doués d'une ubiquité merveilleuse, ils trouvent naturel de figurer à des places aussi variées et d'en toucher tous les émoluments.

Étonnons-nous après cela de voir les budgets s'enfler. Un seul a diminué, c'est celui des cultes ; tous les autres ont augmenté dans des proportions considérables. Rien que pour la rente viagère, elle saute, de 140 millions en 1875, à 240 aujourd'hui. Dans un avenir prochain, nous la verrons monter à 320 par suite des lois votées sans réflexion sur les pensions civiles et les pensions militaires.

C'est dans ce chapitre de la dette viagère que nous trouvons une augmentation de plus de huit millions pour le payement des pensions des victimes du 2 Décembre. Nous savons tous comment a été faite la distribution de cette aubaine. A-t-elle servi à réparer des dommages causés ou à compenser des injustices commises ? quelquefois peut-être : mais le plus souvent n'a-t-elle pas été le payement de services électoraux et la provocation à de futurs dévouements ?

Toutes ces augmentations de dépenses sont onéreuses ; mais ce ne sont pas là encore les plus grandes fautes commises.

Nos maîtres ont voulu jeter de la poudre aux yeux. Après s'être imposés au pays, ils ont tenu à lui en imposer. De là les travaux extraordinaires entrepris à la fois par le désir de paraître, et par celui de satisfaire autour d'eux tous les intérêts, ceux qui sont légitimes et ceux qui ne le sont pas.

De là (c'est du moins une des raisons), les centaines de millions engagées pour les écoles. De là enfin la politique coloniale avec son cortège de guerres. Voilà ce qui grève le plus nos budgets ; voilà les causes qui en menacent l'avenir.

Nul ne contestera l'utilité des travaux publics. Mais la mesure y est nécessaire, sous peine de ruine, aussi bien dans la conception que dans l'exécution. Or tous les travaux sont décidés en même temps : chemins de fer, canaux, ports, maisons d'école, lycées. Nous avions vingt mille kilomètres de chemins de fer ; et il avait fallu 40 ans pour les construire. En huit ans, nous les doublerons ; nous aurons ainsi quarante mille kilomètres. Pour commencer une si grande œuvre, on entreprend à la fois les travaux sur cent quatorze lignes, on installe des chantiers sur 5,596 kilomètres (1). Faire grand est une belle chose, mais jeter de l'argent par les fenêtres ne suffit pas toujours pour le faire rentrer par les portes. On construit des

(1) Brochure de M. Le Trésor de la Rocque « Lettre à un contribuable ».

chemins de fer pour satisfaire non seulement les intérêts légitimes, mais les appétits électoraux. Dans le même but, et sous prétexte de faire concurrence aux voies ferrées, on entreprend des canaux ; puis on traite avec les grandes compagnies, en leur garantissant des revenus assurés. Qui trompe-t-on ici ? Et quels canaux, grand Dieu ! L'intérêt de la dépense d'établissement est souvent supérieur au prix total de la marchandise transportée, de telle sorte que l'Etat ferait une économie en achetant les matières premières pour le transport desquelles les canaux sont construits et en en faisant cadeau aux usines qu'ils desservent. Ce n'est pas le premier venu qui a fait ce calcul, c'est M. Lesguillier, ancien sous-secrétaire d'Etat des travaux publics, député républicain, ingénieur en chef des ponts et chaussées, ex-directeur des chemins de fer de l'Etat.

Le même député dit, en parlant des ports que « beaucoup de millions sont éparpillés dans de petits, tandis que de grands restent dans l'abandon ». Ainsi on dépense de l'argent partout, on dissémine ses forces et le résultat utile est néant.

Remarquez que ces travaux ont été entrepris, sur les fonds du budget extraordinaire. Pour y faire face, c'est à l'emprunt sous toutes les formes qu'on a recours, et ce sont des charges énormes qui s'accumulent pour l'avenir, charges d'intérêts, d'amortissement et d'entretien (1).

(1) *Exemple de gaspillage.* — Le ministre de la marine et des colonies estime que les frais d'exploitation et d'entretien du chemin de fer de Dakar à Saint-Louis s'élèveront à douze mille francs par kilomètre et les recettes à deux mille.

II

Mais plaies d'argent ne sont pas mortelles. Il en est d'autres, hélas, et de plus terribles, qui viennent s'ajouter à celles-là ! L'imprévoyance et l'outrecuidance ont creusé un gouffre où s'engloutissent nos épargnes, où longtemps encore elles s'engloutiront. C'est la politique coloniale. Ne nous suffisait-il pas de vivre dans le souvenir du passé, dans l'espérance de l'avenir ? La terrible guerre de 1870-1871, qui nous a coûté 200,000 hommes et dix milliards ; la Commune qui est venue ajouter à ce terrible total tant de morts et de dépenses ne suffisaient-elles pas pour nous inviter au recueillement ? Fallait-il suivre en aveugles et complaisamment la direction où nous engageait l'homme fatal qui gouverne l'Allemagne? Fallait-il, grâce à ses encouragements intéressés, lancer la France dans les aventures de la Tunisie, de Madagascar et du Tonkin ? Dans quel but, en vérité ? Qui osera dire qu'ils avaient les mains nettes, ceux qui ont inventé les Kroumirs, ou qui nous ont conduits en Indo-Chine ? Qui pourra dire pourquoi nous sommes allés au Tonkin enfouir 500 millions, perdre ou déprécier pour 500 autres millions notre matériel maritime et militaire, perdre au moins six mille soldats, dont beaucoup ont succombé sous les balles ennemies, mais plus encore sous les influences pernicieuses du climat, et par les maladies ? Qui donc oubliera ces morts héroïques : Rivière, tué à l'ennemi, et Courbet, le vainqueur, mourant à petit feu, le corps miné par la fièvre, l'esprit et le cœur ulcérés de la direction inintelligente et égoïste donnée par nos maîtres, par *ces polichinelles-là*, comme il les appelait dans une correspondance douloureuse adressée à des amis. Oh! mères françaises, qui auriez fait taire votre douleur si vos fils avaient péri dans une guerre nationale, quelles larmes doivent être les vôtres en apprenant qu'ils sont morts à trois mille lieues de votre foyer, pour une cause inconnue ou inavouable, et sans soins venant adoucir leurs derniers instants !

Ah vraiment ces hommes incapables et néfastes ont fait bien du mal à la France ! Ils ont dilapidé la fortune publique et versé le sang pour la satisfaction de leurs convoitises et de leur ambition. Et pendant ce temps, leur politique intérieure était un régime de persécution et d'oppression.

III

Le pouvoir oblitère tellement le jugement de nos maîtres qu'ils en oublient leur rôle de prétendus libéraux. Qui pourra dire, pauvres fonctionnaires, toutes les angoisses par lesquelles vous avez passé, au milieu desquelles continuent à vivre ceux d'entre vous qui sont encore dans l'administration!

Vous avez dû rompre avec de vieilles amitiés ; vous avez dû renoncer aux relations sociales. Après vingt ans de services dévoués, vous avez cessé d'être agréable en haut lieu ; vous avez déplu à M. X..., député ; quelque ambitieux, bien en cour, désire votre place : c'est votre arrêt, déguerpissez ! En vain aurez-vous eu, durant de longues années, votre traitement diminué par les prélèvements faits en vue de la retraite : il ne vous sera pas donné d'en atteindre l'âge.

Magistrats, qui étiez l'honneur de nos parquets, combien d'entre vous ont été mis en face d'une injustice commandée et ont préféré briser leur carrière ? Et vous, dont une loi constitutionnelle bien ancienne sauvegardait l'indépendance par l'inamovibilité, n'a-t-on pas révolutionné nos lois pour vous punir d'avoir rendu vos jugements et vos arrêts selon votre conscience ?

C'est là une chose monstrueuse que de faire violence à la justice dans la personne de ceux qui la rendent. C'était néanmoins la progression fatale. Déjà l'accès des tribunaux avait été fermé à toute une classe de citoyens.

Nos gouvernants ont toujours à la bouche les grands mots de liberté et ce sont eux qui ont « exécuté les décrets. » Ils chassent, ils poursuivent, ils proscrivent comme des factieux des hommes tranquilles, vertueux, charitables, parce qu'ils vivent en commun dans un but religieux.

Un siècle après la destruction de la Bastille, ils procèdent par acte de leur seule volonté : un siècle après la proclamation « des droits de l'homme », ils violent les domiciles, portent atteinte à la propriété de. citoyens français, et ne permettent pas seulement à leurs réclamations de se produire devant la justice. Ils appellent ça des actes administratifs, et prennent des arrêtés de conflit. Et ces mêmes hommes demandaient, sous l'Empire, avec quelle énergie, on le sait, l'abrogation de l'article 75 de la Constitution de l'an VIII, qui obligeait à obtenir l'autorisation du Conseil d'Etat pour plaider contre les fonctionnaires.

Si la chose n'était pas si triste, il serait vraiment comique de voir que les mêmes hommes qui oppriment ainsi des prêtres ont amnistié les criminels de la Commune ; non pas seulement les criminels politiques, mais les criminels de droit commun, les incendiaires et les assassins. En face de tels contrastes, qui donc peut ne pas redouter de voir ses droits méconnus, ses libertés outragées ? Nos gouvernants, oublieux de tout ce que ce titre impose de devoirs, ont persécuté les honnêtes et exalté les criminels. Ils n'ont pas rendu la justice aux justiciables ; ils l'ont opprimée dans la personne des juges : ils n'ont pas eu égard à de longs services rendus au pays, ils n'ont cherché qu'à écarter des fonctions publiques ceux qui les occupaient, s'ils étaient scupçonnés de ne pas agir, de ne pas penser en tout comme les triomphateurs du jour, ou surtout si leurs places étaient convoitées par eux-mêmes ou par des intrigants qu'il importait de satisfaire.

Ils ont porté cette politique de guerre jusque dans l'école et dans l'église. Là encore ils ont employé leurs deux grands moyens : la persécution d'une part, la prodigalité de l'autre. Ils y ont ajouté l'hypocrisie. C'est toujours la fable du loup et de l'agneau.

> « Un agneau se désaltérait
> Dans le courant d'une onde pure,
> Un loup survient à jeun, qui cherchait aventure,
> Et que la faim en ces lieux attirait. »

Nous savons la suite.

Ils ont donc fait la guerre à la religion sous toutes les formes. Ils ont déguisé ce que cette hostilité avait d'odieux sous des mots sonores et des équivoques. Ils se défendent de porter atteinte à la liberté du père de famille, et aux croyances religieuses. Ils déclarent n'en vouloir qu'au cléricalisme. « Le cléricalisme c'est l'ennemi. » Nous ne savons si ce cri de haine a jamais trompé personne. Mais à coup sûr, aujourd'hui, il n'induit plus en erreur qui que ce soit.

On bannit Dieu de l'école, on supprime les aumôniers militaires et ceux des hôpitaux dans les grandes villes ; on réduit le budget des cultes en attendant qu'on l'efface entièrement. Plus de catéchisme à l'école. L'instituteur qui devrait être le suppléant des parents, ne peut plus remplacer le père de famille dans l'instruction religieuse.

Il ne peut plus conduire les enfants et les surveiller à l'église. Mais, en revanche et, comme nous l'avons dit, pour jeter de la poudre aux yeux, on a institué l'école gratuite.

Gratuite, elle l'était déjà pour ceux qui en avaient besoin. Gratuite, elle l'est donc devenue uniquement pour les riches ; de telle façon que les riches ont aujourd'hui aussi bien que les pauvres leurs enfants instruits, grâce aux contributions de tout le monde, et qu'ils sont ainsi déchargés d'y pourvoir.

Par contre, que de difficultés pour le père de famille, pour l'homme dont le temps est précieux, s'il est obligé de veiller par lui-même à ce que ses enfants reçoivent l'instruction religieuse en dehors de l'école et des heures de classe.

Là où ces difficultés ont été les plus grandes ; là ou l'application des théories nouvelles s'est faite avec le plus de rigueur, des écoles libres se sont élevées. On aurait pu croire qu'un usage aussi légitime d'une liberté rencontrerait l'approbation d'hommes qui se disent libéraux. Nullement : ils ne songent qu'à écraser les écoles libres ; et, pour tuer la concurrence, ils ont recours aux constructions somptueuses, aux palais scolaires.

Les résultats, quels sont-ils ?

En 1875, 3,700,000 enfants instruits dans les écoles publiques coûtaient moins de 18 millions par an ; en 1884, 4,000,000 enfants coûtent 103 millions de fr. (1) Différence 85 millions certains et 300,000 enfants problématiques en plus. Chaque enfant coûtait 4 fr. 85 par tête ; il coûte aujourd'hui 25 fr. 75 par tête ; soit plus de cinq fois autant. Encore n'est-il pas question dans ces chiffres des constructions élevées à grands frais et avec luxe ? Si on ajoute les centaines de millions dépensées dans ce but, par la caisse des écoles, si on ajoute les autres centaines promises, ne peut-on pas dire qu'il serait moins cher de payer un précepteur à chaque enfant ?

L'enfant est-il mieux instruit ? Qui oserait le dire ? Je vois bien ce qu'on ne lui enseigne plus ; je ne vois pas ce qu'on lui enseigne en plus. Voilà néanmoins à quelles folies financières peut amener l'esprit de secte !

La même pensée se retrouvant partout, on supprime les aumôniers militaires, alors que tout le monde est soldat. Dans les hôpitaux des grandes

(1) Voir brochure de M. Le Trésor de la Rocque : *Lettre à un Contribuable*.

villes, l'homme qui y est amené par la misère à la fois et par la maladie n'y trouvera plus ni les soins des sœurs ni les consolations de l'aumônier : si, se sentant mourir, il exprime le désir de voir un prêtre, n'aura-t-il pas cent fois le temps de succomber avant que la mauvaise volonté de gens de service ait eu le temps d'en trouver un ? La liberté du mourant n'est plus même respectée.

Un gaspillage insensé, une prodigalité inouïe amenant le déficit dans le présent et creusant un gouffre qui ne pourra être comblé dans l'avenir qu'à force d'économies sévères ;

Des guerres sur tous les points du globe contre des ennemis insaisissables et un climat meurtrier ;

La chasse aux places, les sinécures et le cumul ; la violation de la justice dans la personne du juge et dans celle du justiciable ; la liberté enlevée au père de famille dans l'instruction de ses enfants ; la persécution religieuse — voilà le bilan des six dernières années.

IV

Et les hommes qui ont soutenu cette politique d'argent gaspillé ou mal gagné et ce régime d'aventures se décernent le monopole de dévouement à la patrie. Ils se disent républicains, ne l'étant guère ; et pour en imposer aux crédules, les charlatans ! ils se déclarent les seuls, les vrais champions de la République.

Ne voyez-vous pas que ces mêmes hommes qui font étalage de sentiments si républicains, après avoir oublié tout d'abord que la République, au dire de Montesquieu, doit être un *gouvernement fondé sur la vertu*, sont les mêmes hommes qui seraient les valets les plus humbles d'une monarchie, ses courtisans les plus flatteurs ? Nous sommes trop près de la grande Révolution pour avoir oublié combien d'hommes importants se signalèrent non-seulement dans l'administration régulière des choses de ce temps, mais encore dans ses excès et dans ses crimes, pour devenir sénateurs, grands dignitaires, barons, comtes ou ducs et dotataires de l'Empire et quelques-uns même pour finir pairs de France sous la Restauration.

Alors même que tous leurs adversaires (ce qui

n'est pas) seraient des monarchistes, les hommes au pouvoir auraient bien mauvaise grâce à le leur reprocher. Mais je n'éprouve aucune gêne à aller au devant de ce reproche et à le discuter.

Certes, parmi ceux que tous vos procédés froissent ou blessent, il peut s'en trouver dont les souvenirs de la grande épopée impériale font battre encore le cœur; il peut s'en trouver qui, frappés surtout des principes d'ordre et de conservation sociale souvent invoqués par le second Empire, se les rappellent avec regret en face des désordres d'aujourd'hui. Il en est d'autres qui, fiers des longues et glorieuses destinées de la France, attribuent une grande part du bien qui existe dans notre patrie, à la forme monarchique, à la royauté traditionnelle.

La Providence ayant permis que l'héritier direct de nos rois mourût dans son exil volontaire, après avoir ajouté à la couronne de ses pères la majesté du malheur et d'une dignité qui ne s'est jamais démentie; l'ordre successoral a fait héritier de ses droits le chef de la famille d'Orléans. Certes, il est permis aux bons citoyens de voir dans ce prince l'« encas de la Providence » et de saluer en sa personne le représentant incontesté de la vieille monarchie française. Mais de là à élever autel contre autel, drapeau contre drapeau, à oublier le respect de la légalité et de l'ordre public qui fait en même temps l'honneur et parfois la faiblesse des conservateurs, il y a un abîme.

Le parti conservateur est bien plutôt un parti de résistance souvent passive au désordre qu'un parti d'action. Il déplore les persécutions, et il en souffre ; il déplore la prodigalité dans les finances et l'esprit d'aventures belliqueuses et meurtrières ; il gémit de tous ces maux ; mais il ne fera pas le plus souvent une opposition de système.

Les hommes qui veulent bannir la foi des croyances religieuses sont parfois les plus disposés à ériger les systèmes politiques en articles dogmatiques.

Hélas, un peu de scepticisme est permis. Un pays n'a pas traversé impunément un siècle de révolutions où nos pères et nous mêmes nous avons vu s'écrouler la vieille monarchie pour faire place tour à tour au gouvernement constitutionnel de Louis XVI ; à la République dans ses formes les plus variées, sous les noms de Convention, Directoire et Consulat ; à l'Empire ; à la première Restauration ; aux Cent jours ; à la seconde Restauration ; à la monarchie de Juillet ; à la République de 1848, et à celle de 1851 ; à l'Empire de 1852 ; au Plébiscite de 1870, suivi du gouvernement de la Défense nationale et de la République.

Libre aux conservateurs, ou du moins à certains d'entre eux, de regretter tel ou tel régime, mais soyez-en assurés, ce ne sont pas des hommes de révolution. La question ne se pose pas entre la monarchie et la République. Se posera-t-elle de notre vivant ? N'est-elle pas même une de ces questions où l'homme s'agitant dans sa liberté est impuissant, et que s'est réservée « Celui qui règne dans les cieux et de qui relèvent tous les empires » ? Mais il y a des principes dont l'application est constante et dont la défense réunit tous les bons citoyens.

Qu'importe au plus grand nombre la forme du gouvernement de notre patrie, s'il respecte nos libertés, sauvegarde nos épargnes et ménage, ô pères et mères de famille, la vie de vos fils !

La lutte n'est donc pas entre deux formes de gouvernement, mais entre deux politiques. Les électeurs auront à choisir entre les hommes de parti qui subordonnent tout à l'intérêt personnel et les citoyens désintéressés dont l'unique souci est le bien de la Patrie.

A eux de décider!